¡RESUELVE! MATEMÁTICAS EN EL ESPACIO

MATEMÁTICAS EN EL SOL

Katherine Ponka
Traducido por Alberto Jiménez

Gareth Stevens
PUBLISHING

Please visit our website, www.garethstevens.com. For a free color catalog of all our high-quality books, call toll free 1-800-542-2595 or fax 1-877-542-2596.

Cataloging-in-Publication Data

Names: Ponka, Katherine, author.
Title: Matemáticas en el Sol / Katherine Ponka, translated by Alberto Jiménez.
Description: New York : Gareth Stevens Publishing, [2017] | Series: ¡Resuelve! Matemáticas en el espacio | Includes bibliographical references and index.
Identifiers: ISBN 9781482452266 (pbk.) | ISBN 9781482452280 (library bound) | ISBN 9781482452273 (6 pack)
Subjects: LCSH: Sun–Juvenile literature. | Mathematics–Juvenile literature.
Classification: LCC QB521.5 .P66 2017 | DDC 523.7–dc23

First Edition

Published in 2017 by
Gareth Stevens Publishing
111 East 14th Street, Suite 349
New York, NY 10003

Designer: Laura Bowen
Editor: Therese Shea

Photo credits: Cover, p. 1 (sun) Aphelleon/Shutterstock.com; cover, p. 1 (metal banner) Eky Studio/Shutterstock.com; cover, pp. 1–24 (striped banner) M. Stasy/Shutterstock.com; cover, pp. 1–24 (stars) angelinast/Shutterstock.com; cover, pp. 1–24 (math pattern) Marina Sun/Shutterstock.com; pp. 4–24 (text box) Paper Street Design/Shutterstock.com; p. 5 Volodymyr Goinyk/Shutterstock.com; pp. 9, 19, 21 (partial eclipse) courtesy of NASA.com; p. 11 QuentinQuade/ Wikimedia Commons; p. 13 Kelvingsong/Wikimedia Commons; p. 15 Christos Georghiou/Shutterstock.com; p. 17 Werieth/Wikimedia Commons; p. 21 (total eclipse) Naoyuki Noda/Taxi Japan/Getty Images; p. 21 (annular eclipse) Tomruen/Wikimedia Commons.

Printed in the United States of America

CPSIA compliance information: Batch #CS16GS: For further information contact Gareth Stevens, New York, New York at 1-800-542-2595.

CONTENIDO

Las palabras del glosario se muestran
en **negrita** la primera vez que aparecen en el texto.

NUESTRA ESTRELLA: EL SOL

Cuando contemplamos el cielo en una noche despejada, podemos ver unas 2,500 estrellas, pero nuestra **galaxia** contiene más de 200 billones de estrellas. Hay, sin embargo, una estrella que vemos de día, el Sol.

Alrededor del Sol giran –es decir, lo orbitan– ocho planetas, sus lunas, muchos asteroides y todo lo que compone nuestro **sistema solar**. La luz solar que ilumina la Tierra en solo 1 hora, sería suficiente para suplir la **energía** que el mundo necesita para un año entero. En este libro, aprenderás muchas cosas sobre esta asombrosa estrella sin la que no podríamos vivir.

TU MISIÓN

Tú eres ahora el científico. Utiliza las diferentes clases de operaciones matemáticas para averiguar cosas según progresa tu lectura del libro; en las respuestas que aparecen boca abajo podrás verificar tus cálculos. ¡Y no te olvides de enviar tus **datos** de vuelta a la Tierra!

Así es como vemos el Sol desde la Tierra; esta viaja incesantemente alrededor del Sol; para hacer una órbita completa necesita un año.

¡GIGANTESCO!

La Tierra es el tercer planeta desde el Sol; el Sol está tan lejos que parece pequeño, pero no, es el objeto más voluminoso del sistema solar: ¡en realidad contiene el 99.8% de su **masa** total! ¡Si el Sol fuese del tamaño de una pelota de playa grande, la Tierra sería un pequeño guisante!

TU MISIÓN

El diámetro de un círculo es una línea recta que va de un lado a otro pasando por el centro. El diámetro del Sol tiene 865,374 millas. El diámetro de la Tierra es de 7,926 millas. ¿Por cuántas millas supera el diámetro del Sol al de la Tierra?

865,374 – 7,926 = ?

Los cuatro planetas interiores se llaman "planetas terrestres" por sus superficies duras y rocosas. Los cuatro exteriores se llaman gigantes gaseosos o jovianos (por Júpiter); carecen de superficie sólida, porque están compuestos de gas.

RESPUESTA: El diámetro del Sol es 857,448 millas (1,379,929 km) más grande.

UNA LLAMEANTE BOLA DE GASES

El Sol no es sólido: es una llameante bola de gases que se formó hace 46 billones de años. Esos gases se convierten en energía en su centro o núcleo; esa energía se expande y llega a la **atmósfera** de cada planeta, proporcionando luz y calor al sistema solar.

TU MISIÓN

Observa el gráfico. ¿Cuáles 2 de los 10 **elementos** que se mencionan, constituyen la mayor parte de la masa del Sol? ¿Cuál es el porcentaje total de estos dos gases?

71.0 % + 27.1 % = ?

¿DE QUÉ ESTÁ HECHO EL SOL?

ELEMENTO	PORCENTAJE DE LA MASA DEL SOL
hidrógeno	71.0
helio	27.1
oxígeno	0.97
carbono	0.4
nitrógeno	0.096
silicio	0.099
magnesio	0.076
neón	0.058
hierro	0.014
azufre	0.040

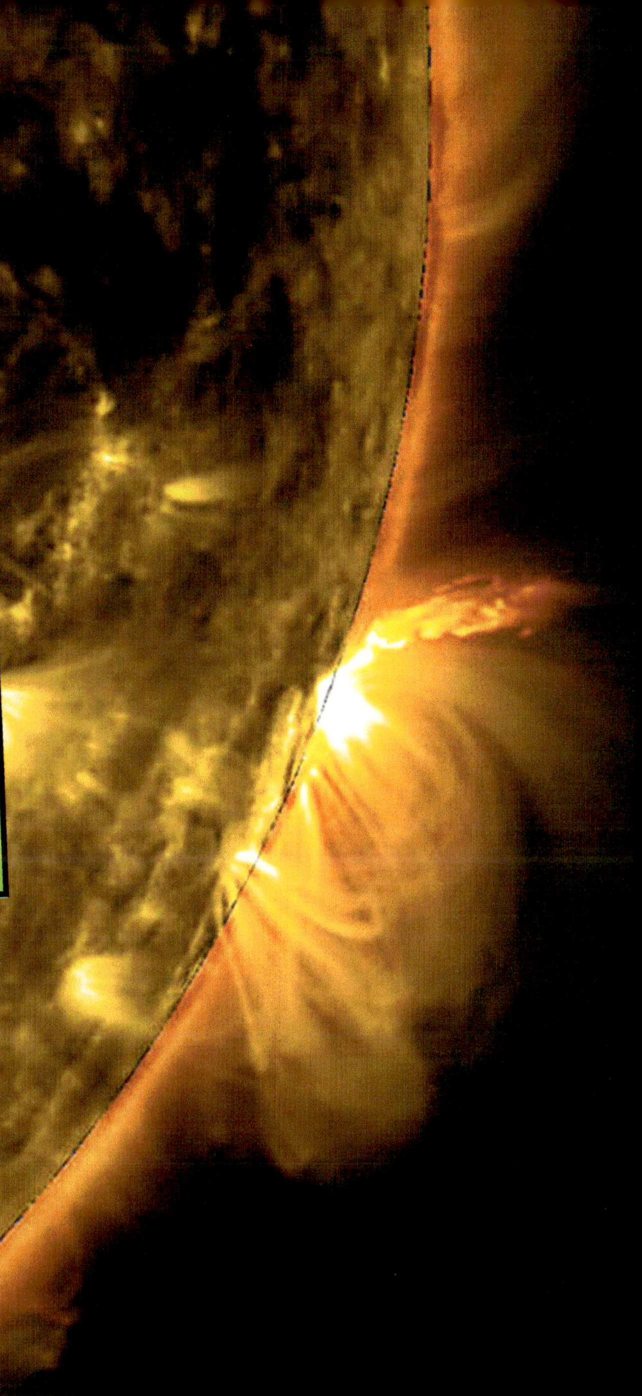

Primer plano de la superficie solar. Según los científicos hacen falta 170,000 años para que la energía producida en el núcleo del Sol alcance su envoltura exterior.

RESPUESTA: La masa del Sol está compuesta sobre todo por hidrógeno y helio; el porcentaje total de estos dos gases alcanza el 98.1 %.

LA ROTACIÓN DEL SOL

Al igual que la Tierra, el Sol rota, o gira, sobre su **eje**. Un lugar cualquiera de la Tierra hace un giro completo cada 24 horas. Sin embargo, como el Sol está hecho de gases, sus diferentes partes giran a diferentes velocidades: una mancha solar del **ecuador** del Sol necesita aproximadamente 25 días terrestres para dar una vuelta completa. En sus polos, el Sol rota una vez cada 35 días terrestres.

TU MISIÓN

Los científicos observaron la diferencia en las tasas de rotación del Sol observando unas áreas oscuras llamadas manchas solares. Utiliza los datos que aparecen arriba para averiguar las diferencias entre las velocidades de rotación del Sol en el polo Norte y en su ecuador.

35 – 25 = ?

El Sol se desplaza en torno a su eje **en sentido contrario a las agujas del reloj**, igual que la Tierra. El Sol orbita la galaxia de la Vía Láctea una vez cada 230 millones de años.

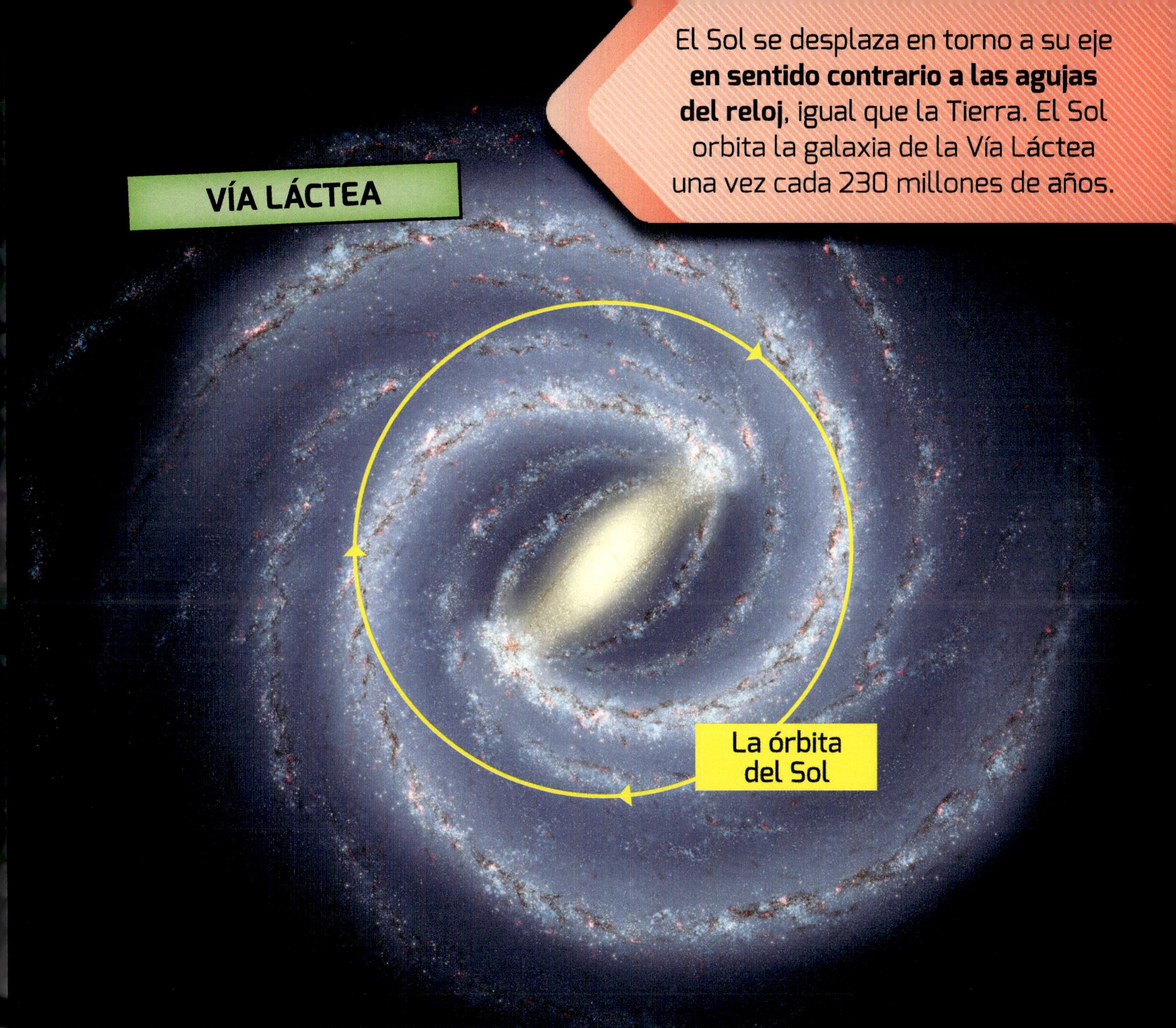

RESPUESTA: La diferencia es de aproximadamente 10 días.

CAPAS DEL SOL

El Sol está compuesto de capas, o niveles, de gas. El núcleo es la capa más caliente: puede llegar a los 27 millones de °F (15 millones de °C). La fotosfera es la capa más profunda que podemos ver, y puede llegar a los 10,000 °F (5,500 °C). La capa más externa del Sol se llama corona y llega a temperaturas de 2 millones de °F o 1 millón de °C) en ciertas partes.

TU MISIÓN

Utiliza los datos mencionados arriba para ordenar las tres capas del Sol, llamadas núcleo, fotosfera y corona, de la menos caliente a la más caliente.

Foto que muestra las capas solares según la NASA (National Aeronautics and Space Administration).

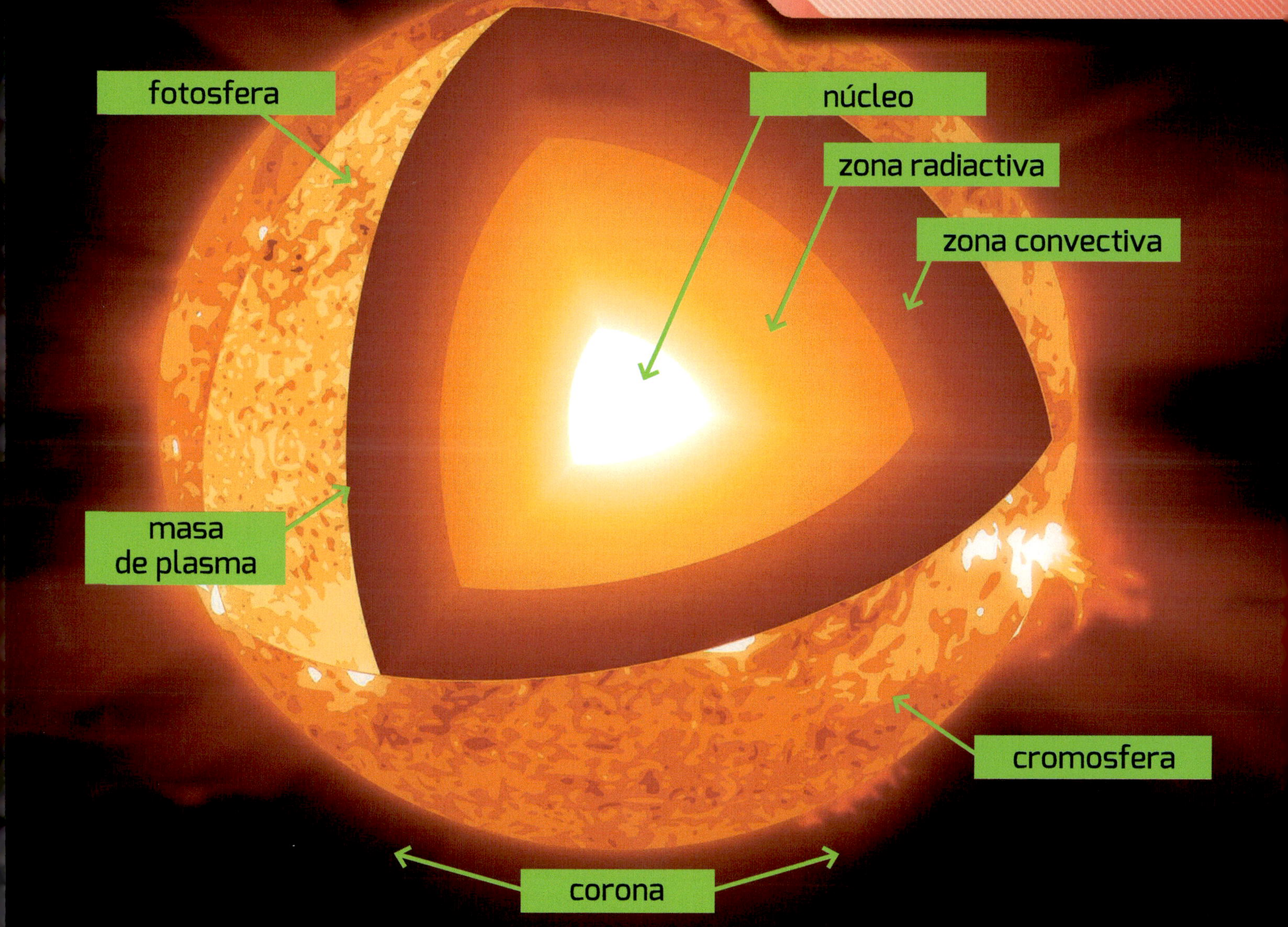

RESPUESTA: En orden de la menos caliente a la más caliente, las tres capas son fotosfera, corona, y núcleo.

¿A QUÉ DISTANCIA?

Los planetas trazan órbitas **elípticas**, no circulares, alrededor del Sol. Esto significa que su distancia del Sol varía a lo largo del año. Los científicos utilizan a veces la llamada Unidad Astronómica (UA) para describir las distancias de nuestro sistema solar. Una UA es la distancia promedio entre la Tierra y el Sol, es decir, unos 93 millones de millas (150 millones de kilómetros).

TU MISIÓN

Observa el gráfico de la página 15. ¿Cuántos planetas están a más de 10 UA de distancia del Sol? ¿Cuántos planetas están a menos de 5 UA del Sol?

DISTANCIAS MEDIAS DE LOS PLANETAS AL SOL

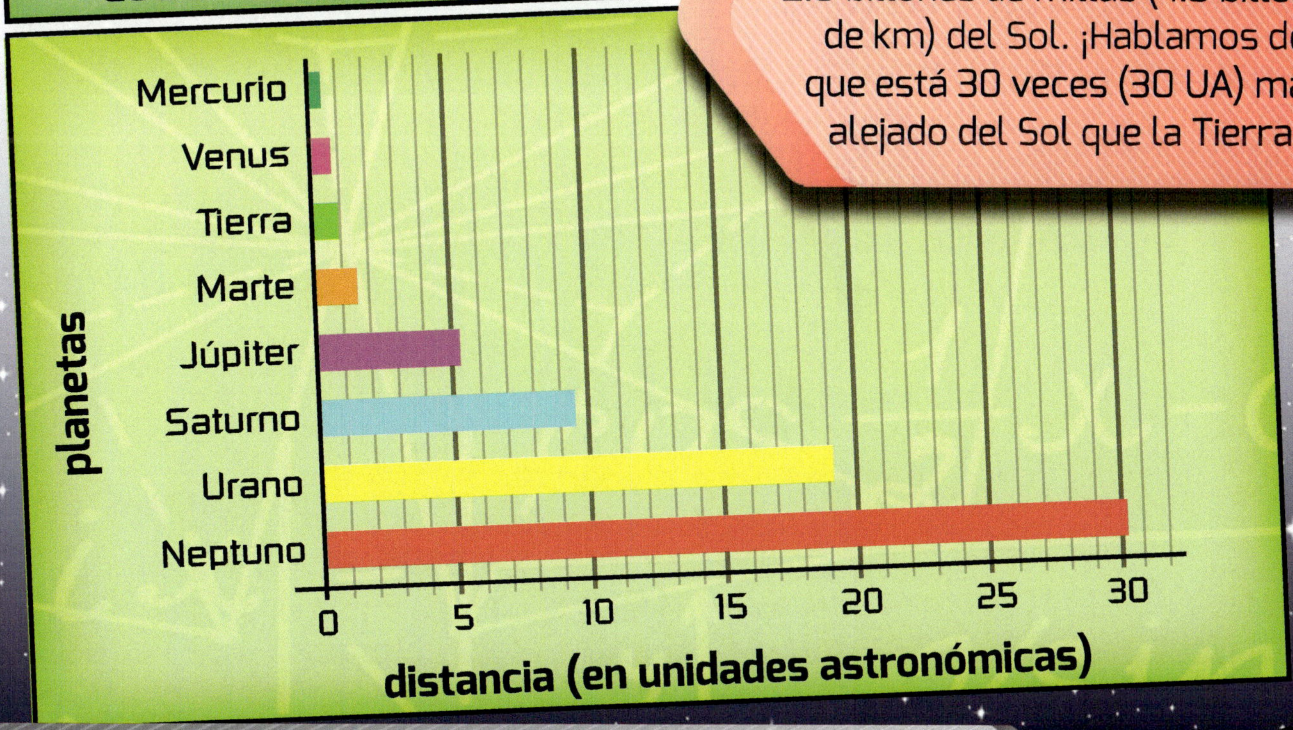

Neptuno, el planeta más exterior, está alrededor de unos 2.8 billones de millas (4.5 billones de km) del Sol. ¡Hablamos de que está 30 veces (30 UA) más alejado del Sol que la Tierra!

RESPUESTA: Hay dos planetas a más de 10 UA del Sol y cuatro a menos de 5 UA del Sol.

MANCHAS SOLARES

Las tormentas magnéticas que se observan en la superficie del Sol se llaman manchas solares. Son más oscuras debido a que están menos calientes que el resto de la superficie solar. Suelen aparecer y desaparecer por parejas cada 11 años más o menos, y acostumbran a estar próximas al ecuador del Sol.

TU MISIÓN

Los científicos siguen el ciclo de 11 años de las manchas solares, de su aparición y su desaparición, que llaman el ciclo solar. En 2008 empezó uno: ¿en qué fecha terminará? ¿Cuántos años representan cuatro ciclos solares completos?

2008 + 11 = ?

4 x 11 = ?

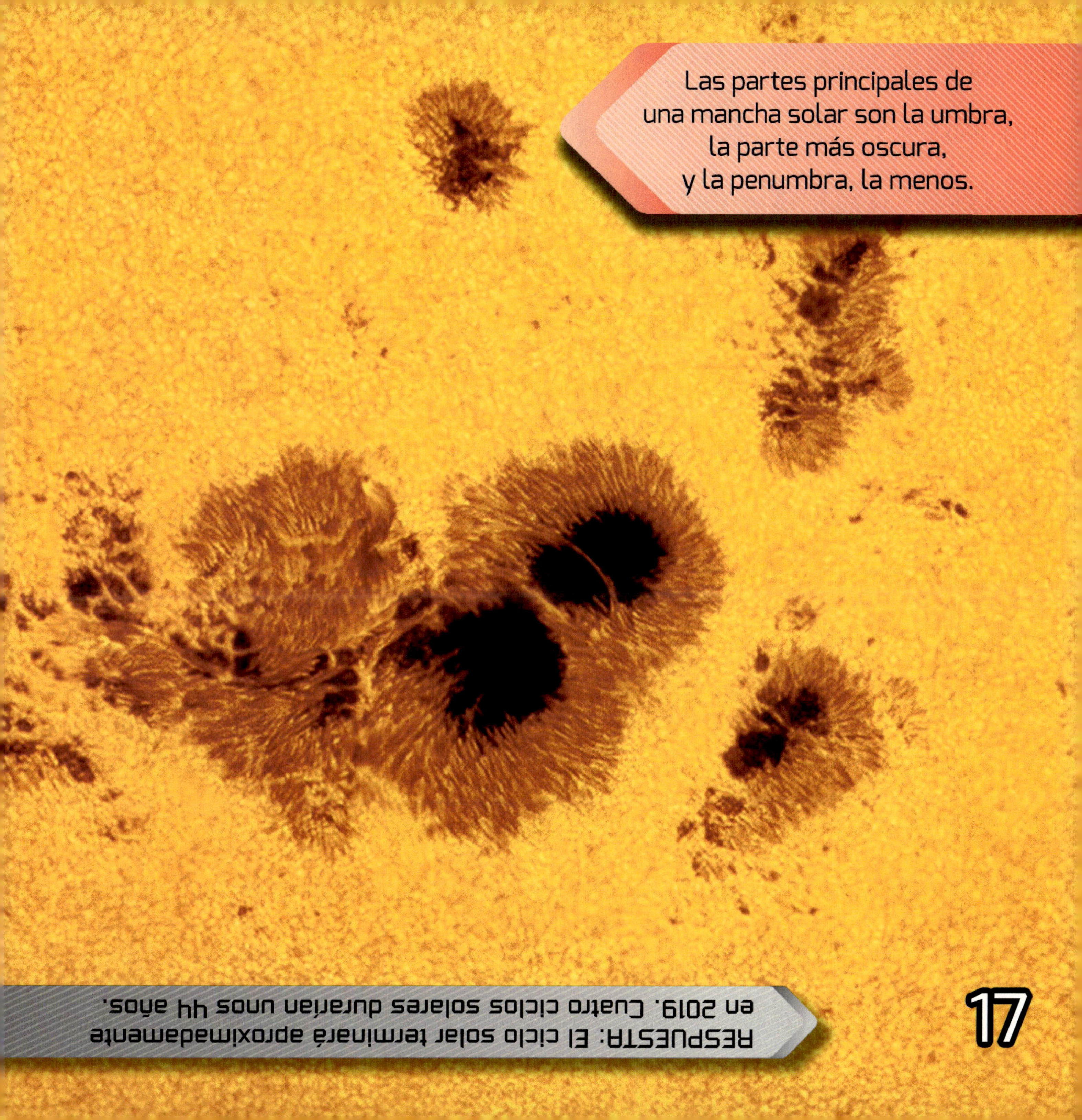

Las partes principales de una mancha solar son la umbra, la parte más oscura, y la penumbra, la menos.

RESPUESTA: El ciclo solar terminará aproximadamente en 2019. Cuatro ciclos solares durarían unos 44 años.

ENORME GRAVEDAD

La gravedad es la fuerza que empuja unos objetos hacia otros. La gravedad terrestre es lo que tira de nosotros hacia el suelo y hace que los objetos caigan. Cuanto más masa tenga un objeto, más fuerte es este tirón. El Sol tiene mucha más masa que la Tierra (¡se podrían alinear 109 tierras superpuestas al diámetro del Sol!), así que la gravedad del Sol es mucho más fuerte que la de la Tierra.

TU MISIÓN

Como la gravedad del Sol es mayor, todo pesaría más allí. Una persona que pesa 100 libras en la Tierra pesaría 2,800 libras en el Sol, ¡28 veces más que en la Tierra!

¿Cuánto pesaría en el Sol un perro de 10 libras?

28 x 10 = ?

Esta imagen muestra una erupción de gas que se proyecta desde la superficie solar. Se representa la Tierra para mostrar su pequeñez junto la enormidad del Sol. ¡Dentro del Sol cabrían 1,300,000 Tierras!

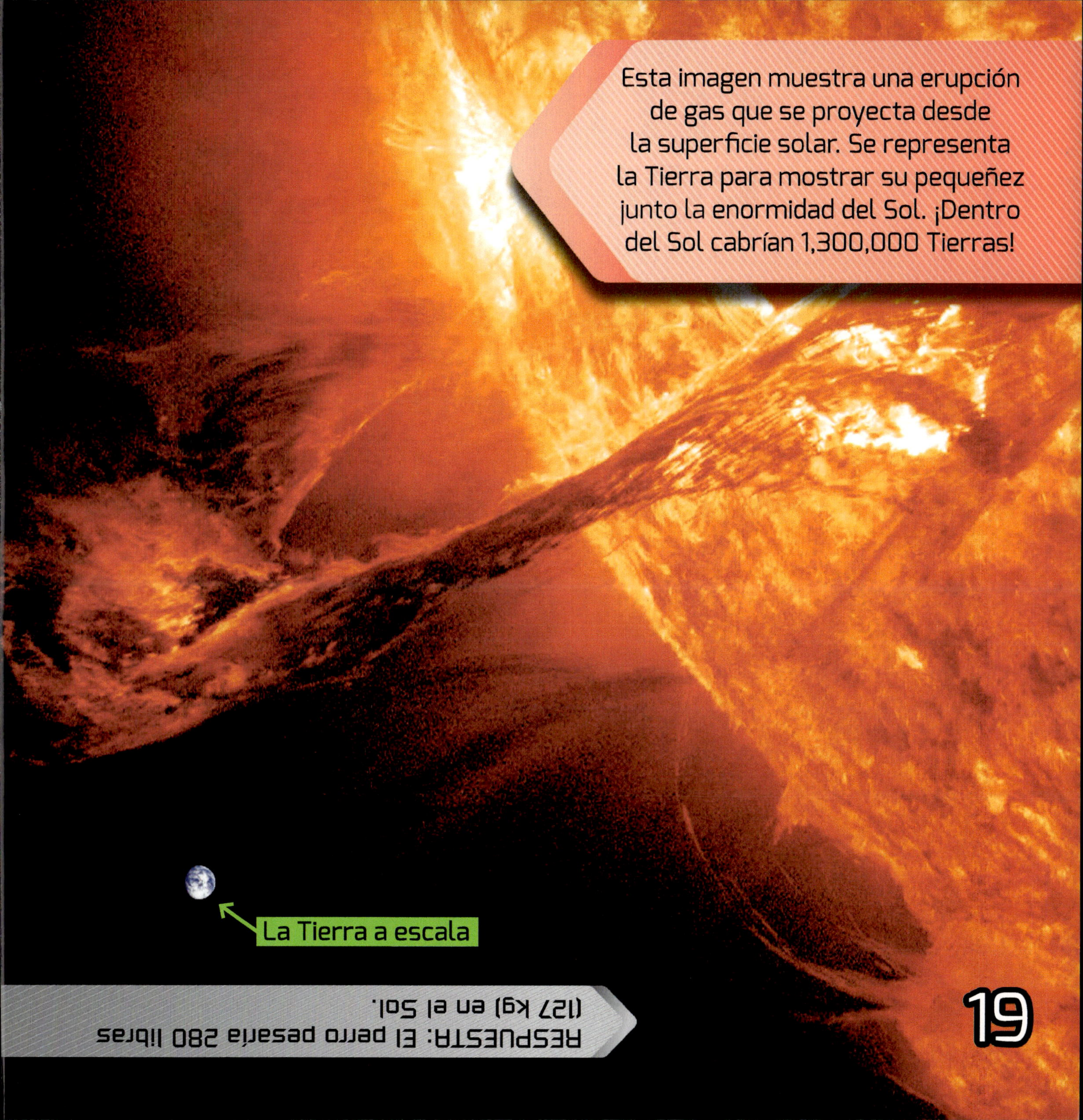

RESPUESTA: El perro pesaría 280 libras (127 kg) en el Sol.

ECLIPSES SOLARES

Los eclipses solares se producen cuando la Luna pasa entre la Tierra y el Sol, bloqueando la luz de este. Los eclipses parciales cubren parte de nuestra visión del Sol y los totales nos privan del todo de su imagen. Los llamados eclipses anulares lo ocultan todo salvo el anillo exterior. Los eclipses solares han permitido a los científicos estudiar las capas exteriores del Sol: ¿Qué será lo próximo que aprenderemos sobre nuestra asombrosa estrella?

TU MISIÓN

Observa el gráfico de la página 21. Nos indica cuándo ocurrirán los eclipses y de qué clase serán. ¿Qué fracción de los eclipses solares serán parciales?

$$\frac{\text{Número de eclipses parciales}}{\text{Número de eclipses}} = \frac{?}{?}$$

ECLIPSES SOLARES, 2016–2019

Septiembre 1, 2016	anular
Febrero 26, 2017	anular
Agosto 21, 2017	total
Febrero 15, 2018	parcial
Julio 13, 2018	parcial
Agosto 11, 2018	parcial
Enero 6, 2019	parcial
Julio 2, 2019	total

Cuando se observan eclipses solares hay que utilizar anteojos especiales para que los ojos no se lastimen a consecuencia de la brillante luz.

Eclipse anular

Eclipse total

Eclipse parcial

RESPUESTA: Según el gráfico 4/8 o 1/2 de los eclipses solares serán parciales.

GLOSARIO

atmósfera: la mezcla de gases que rodea un planeta.

datos: hechos y cifras.

ecuador: línea imaginaria en torno al Sol, la Tierra o un planeta, que está a la misma distancia del polo Norte que del polo Sur.

eje: línea recta imaginaria en torno a la cual gira un planeta, una luna o un sol.

elemento: materia pura, que no está combinada con otras.

elíptico: con forma ovalada.

energía: potencia.

galaxia: gran acúmulo de estrellas, planetas, gas y polvo que forman una unidad del universo.

masa: cantidad de materia de algo.

sentido contrario a las agujas del reloj: en dirección contraria a las agujas del reloj.

sistema solar: el Sol y todos los cuerpos celestes que lo orbitan, incluyendo los planetas y sus lunas.

Vía Láctea: galaxia espiral donde se encuentra el sistema solar.

PARA MÁS INFORMACIÓN

Libros

Hunter, Nick. *The Sun.* Chicago, IL: Raintree, 2013.

Landau, Elaine. *The Sun.* New York, NY: Children's Press, 2008.

Owen, Ruth. *The Sun.* New York, NY: Windmill Books, 2014.

Sitios de Internet

NASA: For Students
www.nasa.gov/audience/forstudents/k-4/
Aprende más sobre el espacio exterior con actividades, artículos y un diccionario visual.

Our Sun
www.kidsastronomy.com/our_sun.htm
Lee la historia del Sol y cómo se formó.

Nota del editor a los educadores y padres: nuestro personal especializado ha revisado cuidadosamente estos sitios web para asegurarse de que son apropiados para los estudiantes. Muchos sitios web cambian con frecuencia, por lo que no podemos garantizar que posteriores contenidos que se suban a esas páginas cumplan con nuestros estándares de calidad y valor educativo. Tengan presente que se debe supervisar cuidadosamente a los estudiantes siempre que tengan acceso al Internet.

ÍNDICE